LES

RELIGIEUSES BOUDDHISTES

PARIS. — TYP. DE CH. MEYRUEIS

13, RUE CUJAS. — 1873.

LES

RELIGIEUSES BOUDDHISTES

DEPUIS

SAKYA-MOUNI JUSQU'A NOS JOURS

PAR

Mᵐᵉ MARY SUMMER

AVEC UNE INTRODUCTION

PAR

PH.-ÉD. FOUCAUX,

PROFESSEUR AU COLLÉGE DE FRANCE.

PARIS

ERNEST LEROUX. ÉDITEUR.

LIBRAIRE DES SOCIÉTÉS ASIATIQUES DE PARIS, DE CALCUTTA
ET DE NEW-HAVEN (ÉTATS-UNIS).

28, RUE BONAPARTE, 28.

1873

INTRODUCTION

Si les textes originaux qui contiennent la doctrine et les légendes, plutôt que l'histoire du Bouddhisme, ne manquent pas en Europe, les traducteurs ont été jusqu'ici bien peu nombreux. On ne peut guère citer en France, comme puisés aux sources mêmes, que l'*Introduction à l'Histoire du Bouddhisme indien*, et les excellents mémoires qui suivent la traduction du *Lotus de la bonne loi*, par notre illustre orientaliste Eugène Burnouf. Ces ouvrages resteront toujours les guides les plus sûrs pour ceux qui étudieront la doctrine de Sâkya-Mouni.

Malgré l'absence d'ouvrages originaux édités et traduits, les spéculations sur le Bouddhisme n'en ont pas été moins nombreuses. Il semble même que cette absence de documents n'a fait qu'exciter l'imagination de ceux qui recherchent les sujets peu connus et seulement éclairés par un demi-jour favorable aux hypothèses. On a donc écrit sur le Bouddhisme dans les Revues et les journaux; et, comme on aime les formules qui semblent exprimer en peu de mots tout un système, on a souvent répété cette phrase d'Eugène Burnouf : « Le Bouddhisme est une réforme du Brahmanisme; » ce qui est vrai; cependant il faut bien s'entendre. Si l'on veut dire que partout où le Bouddhisme s'est établi, il a changé les croyances et les mœurs de l'Inde, rien de plus juste. Mais si l'on prend le mot de réforme — et je crains bien qu'on ne l'ait le plus souvent pris ainsi — dans le sens de la Réforme protestante, on se trompe complétement. Quelques lignes suffiront pour prouver que c'est justement le contraire qu'il faut entendre.

Remarquons d'abord qu'une notion très-erronée prévaut, en général, en Europe, sur la position des brahmanes dans la société hindoue. Collectivement parlant, les brahmanes n'ont jamais été prêtres officiants dans les temples, et, quoique plusieurs d'entre eux aient cette fonction, ce n'est pas plus une occupation exclusive que toute autre apportant du profit. Le législateur sacré, Manou lui-même (III, 152), regarde comme infâme pendant sa vie, et condamné à l'enfer, après sa mort, le brahmane qui est le ministre d'une idole. Comme caste, les brahmanes exercent réellement peu d'influence sur l'esprit des Hindous, en dehors de celle qu'ils ont par leur

nombre, leurs biens et leur rang. Comme *hié-*
rarchie, *ils sont nuls*, et, comme corps litté-
raire, peu nombreux. Qu'ils aient encore une
grande importance dans le système social de
l'Inde anglaise, cela ne fait pas de doute; mais
ils ne forment pas un sacerdoce (1).

Les Bouddhistes, au contraire, se sont, dès
l'origine, constitués en une véritable Eglise
où la hiérarchie fut si bien marquée qu'elle a
amené, par la suite, chez les Bouddhistes du
Nord, l'établissement d'une espèce de pape,
dans la personne du grand Lama. C'est justement le contraire de ce qu'a produit la réforme
en Europe ; mais la différence ne se borne
pas là.

La confession publique, qui, chez les brahmanes, n'avait lieu qu'en certains cas, devint,
pour les religieux bouddhistes obligatoire
deux fois par mois.

On construisit des monastères d'hommes et
de femmes, et le célibat fut rigoureusement
prescrit à tous les religieux des deux sexes. Le
culte des reliques, qui ne paraît pas dans le
Brahmanisme, prit de telles proportions que,
dans les temples bouddhistes où l'on en con-
servait, il devint nécessaire, à cause de l'af-
fluence des pèlerins, de fixer la valeur des offrandes, etc.

(1) H.-H. Wilson, *Religious sects of the Hindus*.

Ce qui précède suffit pour montrer que, si l'on présente le Bouddhisme comme une réforme du Brahmanisme, il est bien nécessaire de dire en quoi cette réforme consiste, afin d'éviter toute équivoque.

On a voulu aussi retrouver les origines du Christianisme dans le système religieux du Bouddha, ce qui peut paraître singulier de la part de certains critiques, qui veulent, en même temps, que le Bouddhisme soit le culte du néant. S'il en était ainsi, voilà deux doctrines partant du même point, le spiritualisme (1), dont l'une, le Bouddhisme, aboutirait au néant, tandis que l'autre, le Christianisme, aurait conservé l'idée la plus nette de l'immortalité de l'âme. Double résultat qui renverserait l'axiome vulgaire : Les mêmes causes produisent les mêmes effets. Mais la contradiction n'est qu'apparente, et la question du Nirvâna, ou délivrance finale, des bouddhistes, semblera bien près d'être décidée si l'on se reporte au Bouddhisme primitif. Que plus tard, dans les livres développés outre mesure qui portent le titre pompeux de *Sagesse transcendante*, on puisse trouver le

(1) Nul dogme n'est plus spiritualiste que celui de la transmigration, surtout comme le comprennent les Hindous, pour lesquels nul homme vivant ne sait combien de fois il est déjà mort et combien de fois son âme a passé d'un corps dans un autre.

nihilisme, nul ne le conteste ; mais s'appuyer sur ces textes, c'est, au lieu de retourner aux premiers temps de la doctrine, la prendre à son moyen âge, à une époque où d'autres systèmes philosophiques avaient sans doute influé sur elle en l'altérant.

Si, au contraire, on étudie les textes les plus anciens, et, entre autres, les légendes qui tiennent une place considérable dans les livres bouddhiques, on trouve toujours que le Bouddha prêche une doctrine spiritualiste, car il y répète souvent que depuis un *temps sans commencement*, lui-même ou ses auditeurs ont traversé des existences de toutes sortes, heureuses ou malheureuses, suivant leurs actions antérieures bonnes ou mauvaises.

Or, si le Bouddha savait suivre un raisonnement, et on lui accordera bien ce léger mérite, il ne peut avoir dit que la délivrance finale était le néant. En voici la raison. L'un de ses principaux axiomes est : « Tout composé étant périssable, il faut se délivrer des composés. » C'est-à-dire qu'il faut se débarrasser des parties qui composent le corps et emprisonnent l'âme.

Ainsi que les brahmanes, le Bouddha croit que les âmes ont existé de toute éternité. Elles ne font donc pas, suivant lui, partie des composés. Il dit enfin : « C'est par la méditation profonde, qui produit la science sans bornes, qu'on arrive à se délivrer complétement de la transmigration. Ce serait alors, si la délivrance finale était le néant, la science, fille de l'âme, qui anéantirait sa mère. Mais, par quel moyen, *si l'âme, éternelle, puisqu'elle n'a pas eu de commencement, ne fait pas partie des composés?*

Nous voici bien loin des religieuses bouddhistes qui, probablement, ne se sont jamais occupées avec la persistance que nous y mettons en Europe, du grave sujet de la délivrance finale, dont la nature n'a jamais été clairement définie dans les livres bouddhiques.

Remarquons, en passant, que le Bouddha n'était pas encourageant pour les femmes, pas même pour sa tante et celle qui avait été son épouse. Un jour, en les voyant pensives toutes les deux, et devinant qu'elles s'inquiétaient de leurs destinées futures, il leur dit : «A partir de ce moment-ci, après avoir honoré cent mille myriades de Bouddhas, vous deviendrez des saints (1), interprètes de la loi; ensuite, et bien longtemps après, vous deviendrez des Bouddhas parfaits et accomplis (2).»

(1) Une femme ne peut passer immédiatement de cette vie à l'état de sainte dans une autre existence. Le Bouddhisme ne connaît que des saints, et il faut que, par l'effet de ses bonnes œuvres, une femme renaisse d'abord comme homme pour se préparer à la sainteté.

(2) *Lotus de la bonne loi,* trad. de Eug. Burnouf, pag. 163.

En se montrant satisfaites de cette prédic-
tion, ces deux femmes qui, les premières,
étaient entrées en religion et avaient fondé
l'ordre des religieuses, faisaient preuve d'une
résignation peu commune ; car, ce monde ne
possédant jamais qu'un seul Bouddha à la
fois, et encore à de longs intervalles, on voit
que leur délivrance finale était terriblement
éloignée et qu'elles devaient, suivant l'expres-
sion indienne, « tourner encore bien longtemps dans le cercle de la transmigration. »

Dans les livres publiés en Europe, et qui
traitent exclusivement du Bouddhisme (1),
on ne trouve guère plus d'une vingtaine de
pages consacrées aux religieuses. C'est cette
pénurie de renseignements qui a donné à
Madame Mary Summer l'idée de rassembler de
nouveaux documents sur ce côté intéressant
et peu exploré du Bouddhisme.

J'avais traduit pour mon usage le livre tibétain qui raconte la fondation de l'ordre des
religieuses. C'est cette traduction inédite
qui a servi de base au mémoire qu'on va lire ;
et c'est autour des faits racontés dans ce livre
que sont habilement groupés et présentés

(1) *Die Religion des Buddha*, von Karl Fried-
rich Kœppen. 2 vol. in-8, Berlin 1857-1859. —
Eastern monachism, 1850 ; — *A Manual of
Buddhism*, 1853, by Spence Hardy, 2 vol. in-8,
London.

d'une manière aussi attrayante que pouvait le comporter le sujet, une foule de détails empruntés aux *Recherches asiatiques* (1), ainsi qu'à divers autres ouvrages, toujours cités, afin qu'aucun fait ne soit avancé sans être appuyé sur des autorités respectables.

Paris, ce 1ᵉʳ novembre 1872.

P.-E. FOUCAUX.

(1) *Asiatic Researches*. T. XX; in-4. Calcutta, 1836.

RELIGIEUSES BOUDDHISTES

I

La vieille race aryenne s'était transformée pour toujours ; les tribus nomades, quittant leurs montagnes, étaient venues se fixer dans la plaine aux sept rivières. Les rois pasteurs ne dressaient plus leur tente sous la voûte du ciel ; les dieux eux-mêmes avaient changé de rôle, et de nouvelles croyances s'étaient mêlées aux doctrines des antiques Védas. Les rois avaient des palais et les philosophes des écoles.

L'Inde était devenue la proie d'une foule de petits souverains, tantôt plongés dans les voluptés du harem, tantôt guerroyant les uns contre les autres pour s'arracher un lambeau de territoire, mais pour leurs plaisirs comme pour leurs rancunes, frappant le peuple d'impôts ; tyrans capricieux qui tremblaient à leur tour devant les brahmanes.

Les fils des bergers aryens s'étaient divisés en castes; l'égalité n'existait même pas devant la science; les basses classes étaient refoulées dans l'ignorance, moyen sûr de les tenir à distance. Du reste le bon sens du peuple se fût mal accommodé de la subtilité des Oupanichats (1); les Aryens adoraient toujours les dieux du Véda et vivaient tant bien que mal, accolant malicieusement, dans leurs légendes, le nom des rois à celui des voleurs. C'est la seule protestation que les âges nous aient transmise.

Tout à coup un novateur se révéla au monde; il apportait aux castes opprimées des doctrines plus consolantes; fils de roi, il préférait la pauvreté aux grandeurs et donnait le nom de frère au paria dédaigné. Il s'adressait à l'humanité souffrante. Ce fut là toute sa force et tout son prestige.

La vérité est difficile à dégager de la légende; cependant les traditions s'accordent à faire naître Sâkya-Mouni dans le pays de Magadha, le Béhar moderne, au-dessus de Calcutta. L'histoire du Bouddha a été traduite pour la première fois du tibétain en français par M. Ed. Foucaux. Avant de parler des religieuses bouddhistes, empruntons à cette traduction un abrégé de la vie de Sâkya-Mouni.

(1) **Traités de théologie.**

Il y eut un jour grand conseil dans le ciel Touchita, « le séjour où l'on est joyeux » (1); les dieux prièrent le futur Bouddha de descendre sur la terre, pour remédier aux maux de l'humanité. Sept Bouddhas avaient précédé celui qui devait s'incarner dans le sein de la reine Mâyâ sous la forme d'un jeune éléphant blanc. L'heureuse mortelle, choisie pour tant d'honneur, quitta le palais lorsque sa délivrance fut proche. C'est en plein air, sous des ombrages embaumés, tandis que les oiseaux chantent et que toutes les créatures se réjouissent que la reine met au monde l'enfant prédestiné; il sort par le côté droit de sa mère sans lui faire aucune blessure. Indra et Brahmâ s'empressent pour le recevoir; mais lui, se dégageant de leurs bras et faisant sept pas vers le nord, s'écria d'une voix de lion : « Je suis le plus grand de tous les êtres ; je mettrai un terme à la vieillesse, à la maladie et à la mort ! »

Mâyâ meurt huit jours après sa délivrance; les dieux veulent éviter à cette mère le chagrin de voir son fils la quitter un jour,

(1) Les bouddhistes divisent les cieux en étages occupés par des dieux dont la sainteté s'accroît à mesure qu'on remonte ces étages. Le ciel Touchita est un étage peu élevé, car il n'est que le sixième, et il y en a trente-quatre.

pour embrasser l'état religieux. Le jeune prince est confié aux soins de sa tante Gautamî ; on lui donne trente-deux nourrices et quatre-vingt mille jeunes filles pour le servir. Un ermite vient de l'Himalaya à travers les cieux pour voir l'enfant. Plus tard, le Bôdhisattva est mené au temple où les idoles le saluent en s'inclinant. Quand il est parvenu à l'âge viril, on lui cherche une femme. La jeune Gôpâ, qui possède toutes les qualités dont le futur époux a lui-même écrit la liste, l'emporte sur ses concurrentes. Mais ce n'est pas pour savourer les douceurs de l'hyménée que les dieux ont exhorté Sâkya-Mouni à descendre sur la terre. Son but est toujours d'atteindre l'intelligence suprême ; et, quoique « vivant au milieu des femmes, » il n'est pas privé d'entendre la loi. Au milieu de ses promenades, il rencontre successivement un vieillard, un mort et un religieux. Réfléchissant alors sur la vanité des choses humaines, il se décide à commencer son œuvre ; rien ne peut le retenir, et, une nuit, s'arrachant aux tendresses de Gôpâ, il quitte le palais pour aller se joindre aux maîtres de la doctrine. Arâta et Roudraka n'ont bientôt plus d'enseignements à lui donner ; déjà le jeune ascète compte des disciples. Mais le démon, jaloux d'une vertu si grande, profite de l'épuisement où les austérités ont réduit celui qui sera Bouddha pour venir le tenter ; il espère ainsi avoir bon marché du saint. Les disciples eux-mêmes doutent de leur maître, et abandonnent « ce fantôme amaigri, qu'on prendrait pour un esprit des cimetières. » Des villageoises ont pitié du pauvre solitaire ; elles lui préparent un potage avec le lait de mille vaches ; un bain dans la Nâiranjana (1) achève de le réconforter ; il reprend sa beauté et obtient l'intelligence suprême. Son triomphe est complet. Les dieux de toutes les classes viennent à Bodhimanda (2) le féliciter et lui offrir des présents. En vain trois filles du démon tentent un dernier effort pour séduire le saint ; lui ne daigne pas les regarder, et se contente de les changer en vieilles laides et décrépites. Il n'est pas jusqu'aux Nâgas ou serpents des eaux qui ne soient subjugués et n'enveloppent le jeune maître de leurs replis, pour l'empêcher d'avoir froid.

A la grande joie des dieux, Sâkya-Mouni part pour Bénarès, où il va prêcher sa doctrine. Arrivé au bord du Gange et ne pouvant payer le passage d'une rive à l'autre,

(1) Rivière qui se jette dans le Gange.
(2) Nom du lieu où Sâkya parvint à l'intelligence suprême.

il s'élance à travers les cieux, et se dirige
vers le bois des gazelles, près de Bénarès. Là
demeurent ses anciens disciples. Ceux-ci
l'aperçoivent de loin ; sa mine de prospérité
les indigne ; « voyez donc, disent-ils, ce
relâché, ce gourmand gâté par la mollesse » ;
et ils se concertent pour le recevoir avec
froideur : mais, à mesure que le maître approche, ils se sentent de plus en plus mal à
l'aise sur leurs siéges ; un pouvoir au-dessus de leur volonté les force à se lever, et,
saisis de respect, ils se prosternent dans la
poussière. La terre tremble ; le corps du
Bouddha projette une lumière qui éclaire
les trois mille mondes. C'est avec ces pré-
liminaires imposants, devant cet auditoire
tremblant et charmé, que la première prédication bouddhique se fait entendre.

Cet enseignement avait pour base ce que
Sâkya-Mouni lui-même appelait les quatre
vénérables vérités (1) :

1º La douleur existe ;

2º Elle a une origine ;

3º Il est un moyen d'y mettre fin ;

4º Ce moyen c'est la doctrine du Bouddha.

La préoccupation constante des brah-

(1) *Introduction à l'Histoire du Bouddhisme indien,* par E. Burnouf. Pag. 290 et 629.

manes aussi bien que des bouddhistes, c'est
de se soustraire à la transmigration des
âmes. Or, selon le Bouddha, il n'existe
qu'un moyen d'échapper à cette loi commune : c'est de parvenir à la science et à la
sainteté les plus élevées. Ce n'est pas chose
facile que d'être saint ou Arhat ; et, pour
arriver à la délivrance finale, il faut passer
par les quatre degrés suivants :

1º L'entrée dans le courant religieux ;

2º L'état de celui qui ne revient plus
qu'une fois parmi les hommes ;

3º L'état de celui qui n'y reviendra plus ;

4º L'état d'Arhat, qui conduit directe-
ment au Nirvâna, ou béatitude finale.

Que de polémiques a déjà soulevées ce
mot Nirvâna, l'un des plus importants
dans les annales de la métaphysique indienne ! Les uns ont voulu y voir le néant
absolu et les autres le triomphe de l'âme
sur la matière. La clarté est difficile à faire
sur un pareil sujet ; il semble que l'obscu-
rité ait été laissée à dessein pour empêcher
une main profane de soulever le voile. Autant qu'on peut le définir, ce bonheur, am-
bitionné par les bouddhistes, consisterait à
être en puissance d'idées sans se donner la
peine de les formuler, à n'éprouver aucune
sensation, ni joie ni douleur, mais une sorte
de langueur et de bien-être indéfinissable,

un milieu entre le sommeil et le réveil; ce
n'est pas la réalité; ce n'est pas davantage
le rêve; c'est le vide, ce n'est pas l'anéan-
tissement; sans doute on ne jouit guère,
mais on ne souffre pas non plus, et c'est
une compensation sous un climat violent
comme celui de l'Inde. Ne nous récrions
pas trop; cette paresse de l'âme et du corps
répond à un sentiment naturel. Partout
et toujours, l'homme, fatigué des luttes de
la vie, aspire à l'indifférence comme au bien
suprême (1).

Si les fins de la doctrine paraissent nébu-
leuses, en revanche la morale était positive;
elle eut une influence sérieuse sur les
mœurs du temps. Un apologue bien connu
nous représente le roi Sivi donnant sa chair
à un faucon, pour racheter la vie d'un pigeon. Armé d'un couteau, le monarque entame d'abord sa cuisse, puis son bras et
son épaule; l'oiseau de proie ne se tient pas
pour satisfait; il réclame un poids égal à
ce pigeon merveilleux qui n'est autre que
le dieu Indra, ainsi métamorphosé pour

(1) Un auteur du dix-neuvième siècle, George
Sand, s'est rencontré avec le réformateur qui précéda
Jésus-Christ de trois cents ans. Dans le drame intitulé *l'Autre*, à cette demande faite par un personnage : « Qu'est-ce que le bonheur? » — l'interlocuteur
répond : « C'est un état négatif. »

éprouver la vertu du prince. Le bon roi meurtri et sanglant finit par se mettre tout entier dans la balance (1). Ailleurs, noús voyons un parent du Bouddha, Ananda, solliciter un verre d'eau d'une femme dont la caste est proscrite. La pauvre créature a peur de souiller le saint par son contact, et lui avoue en rougissant qu'elle est une Tchandalî (2). « Ma sœur, lui dit Ananda, je ne te demande pas quelle est ta caste et ta famille ; je te demande un verre d'eau, si tu peux me le donner. » Ces deux légendes symbolisent la morale bouddhiste dans ce qu'elle a de plus pur et de plus élevé : le renoncement, le mépris des sens et des vanités, la charité envers tous, sans distinction de castes. Voyez-vous sur cette société orgueilleuse l'effet des deux stances que les disciples du Bouddha s'en allaient répétant à travers les villes et les campagnes?

« Commencez, sortez de la maison, appliquez-vous à la loi du Bouddha ; renversez

(1) Cette légende, commune aux brahmanes et aux bouddhistes, se retrouve à peu de chose près dans un conte milanais, cité par M. Angelo de Gubernatis, dans la *Rivista orientale*. Aprile 1867.

(2) C'est-à-dire de la caste des parias. Voyez le *Bouddhisme et l'Apologétique chrétienne,* par l'abbé Deschamps. 1860, in-8, pag. 15.

l'armée de la mort, comme un éléphant renverse une hutte de roseaux.

« Car celui qui marchera sans distraction dans cette discipline de la loi, après avoir échappé à la succession des naissances, mettra un terme à la douleur » (1).

C'est une révolution sociale qui s'accomplit. Des compagnies s'organisent pour prier et méditer ; les couvents bouddhistes s'élèvent sur le sol brahmanique, et, sous l'habit du religieux, le pauvre a droit aux respects du souverain lui-même.

Mais ces asiles, ouverts aux hommes de toutes les castes, restaient fermés pour les femmes, et peut-être cette exclusion contribua-t-elle à développer leur vocation cénobitique. Ici nous touchons au vif de notre sujet.

Le Bouddha s'était retiré dans son pays natal, à Kapila-Vastou ; il vivait en simple religieux, où avaient régné ses pères, enseignant la loi à de nombreux disciples. Cette vie, pieuse et monotone, fut troublée par un grand incident. Cinq cents femmes sâkyas vinrent se prosterner devant le Bouddha et le supplier d'instituer l'ordre des religieuses (2).

____

(1) *Asiatic Researches*, XX, pag. 79, et *Lotus de la bonne loi*, traduction de E. Burnouf. Pag. 529.

(2) Ces femmes étaient de la famille du Bouddha,

A leur tête se trouvait Gautamî, celle qui avait bercé Sâkya-Mouni, et Gôpâ, celle qui lui avait fait connaître les premières joies de l'amour (1). La princesse pleurait toujours celui auquel elle adressait jadis ces tendres paroles :

« O toi qui faisais ma joie, ô mon époux, le premier des hommes, au visage pareil à la lune sans tache !

« Chants mélodieux des voix les plus douces, suite de femmes parées de robes flottantes, jour voilé par des treillis d'or, privée de celui qui a toutes les qualités, je ne ferai plus attention à vous ! »

Le cloître devait sourire à ce cœur blessé, et il est piquant de trouver Gôpâ aux pieds du religieux qui avait été son époux. Gautamî porte la parole : « Maître, dit-elle, après avoir initié les femmes à la discipline de la loi bien enseignée et en avoir fait des religieuses, établis l'ordre des religieuses et permets, qu'auprès de Bhagavat (2), les

comme leur nom l'indique. L'ordre des religieuses fut fondé la cinquième année de la prédication du Bouddha, quelque temps après la mort du roi Souddhodana, son père. (*Doulva tibétain*, livre de la Discipline, Bibliothèque nationale, T. XI, fol. 326.)

(1) La tante et l'épouse du Bouddha.

(2) C'est-à-dire « le bienheureux, » surnom du Bouddha. Ce titre ne s'accorde qu'aux Bouddhas ou à celui qui va bientôt le devenir.

femmes se vouent à l'état de continence. »

Mais loin de se laisser influencer par une voix si chère, Bhagavat accueille fort mal cette demande. Il refuse nettement, et renvoie Gautamî à son intérieur : « Comme à présent, garde le vêtement blanc des femmes mariées ; tant que tu vivras, remplis les devoirs de cet état avec chasteté, et il y aura longtemps pour toi profit et contentement. »

On ne pouvait être plus explicite. Mais les femmes ne renoncent pas facilement à un dessein qui leur tient au cœur. Une seconde et une troisième demande n'ont pas plus de succès. Pour échapper à ces obsessions qui le fatiguent et lui déplaisent, le Bouddha quitte sa résidence. Les cinq cents aspirantes religieuses, toujours guidées par Gautamî, se mettent résolûment à la poursuite de leur directeur spirituel. Elles ont rasé leur tête, dompté leur corps, couvert de poussière leurs vêtements grossiers, et poussé jusqu'à l'invraisemblance l'abnégation des dons féminins. Elles ont bien vite rejoint celui qui les fuit, et elles reviennent à la charge dans les mêmes termes ; réponse invariable. Partout le maître est sûr de les trouver sur ses pas, le persécutant avec une obstination qui s'augmente en proportion des refus. Il est mal-

aisé de se défendre contre cinq cents femmes; le Bouddha change de tactique et
leur oppose un silence absolu. Les voilà
déroutées; elles se désespèrent et fondent en
larmes (1); c'est leur dernier argument et
ce n'est. pas le plus mauvais. Elles attendrissent le jeune Ananda; il va plaider
leur cause auprès de Sâkya-Mouni. « En
vérité le maître est bien sévère. Ces femmes
ont été instruites dans la discipline de la
loi. Pourquoi n'en ferait-on pas des religieuses mendiantes, et pourquoi ne se voue-
raient-elles pas à l'état de continence? »

Mais le Bouddha n'a pas agi à la légère;
ces caractères passionnés et mobiles ne lui
inspirent aucune confiance. Evidemment il
craint que les femmes ne fassent à la loi
plus de mal que de bien, et qu'elles n'ap-
portent la désorganisation dans l'œuvre
qu'il a édifiée. « Vois-tu, Ananda, dit-il,
si on les initie à la discipline de la loi, elles
n'y resteront pas longtemps. Une maison
où il y a peu d'hommes et beaucoup de
femmes n'inspire aucune crainte aux voleurs; elle est de suite envahie par eux et
prise d'assaut. De même la discipline ne
dure pas dans une maison habitée par des
femmes. Et quant aux vœux de conti-

(1) Livre de la Discipline, déjà cité, Fol. 229, 6.

nence, veux-tu que je te parle franchement, Ananda? Toute femme ayant une bonne occasion pour agir en cachette, et étant excitée, fera ce qui est mal, quelque laid que le galant puisse être, n'eût-il même ni main ni pied (1). » Certes le saint personnage y mettait de la mauvaise volonté; il faisait allusion à certaine faute commise jadis par la reine Kinnara, bien avant la naissance du Bouddha. On prétend que cette princesse s'échappa du palais, tandis que son mari dormait, pour aller rejoindre un homme dont les mains et les pieds avaient été coupés et qui était laid comme un vampire (2). Ananda trouve injuste de rendre tout le sexe solidaire de la faute d'une seule; de pareilles fantaisies ne se rencontrent pas deux fois (3). Il a vingt ans, ce pieux disciple, et plus d'illusions que son vénérable maître. Il insiste tellement que le Bouddha finit par céder, quoiqu'à regret.

(1) Spence Hardy, *Eastern monachism*. Pag. 160.

(2) *Ibid*.

(3) Et pour preuve, écoutons un moraliste qui s'y connaissait : « A juger de cette femme par sa beauté, sa jeunesse, sa fierté et ses dédains, il n'y a personne qui doute que ce ne soit un héros qui doive un jour la charmer : son choix est fait; c'est un petit monstre qui manque d'esprit. » (La Bruyère.)

« Eh bien, dit-il, j'y consens ; mais, afin d'empêcher les femmes de rompre la digue, je leur imposerai huit lois sévères :

1º Sitôt qu'elles seront religieuses (Bhikchounies), elles seront complétement séparées des religieux (Bhikchous).

2º Elles iront chaque quinzaine demander l'enseignement aux religieux.

3º Pendant l'été, elles n'entreront pas dans la maison d'un homme qui n'est pas religieux.

4º Pendant l'été, elles devront avoir tour à tour trois résidences et consulter deux prêtres différents.

5º Une religieuse ne devra pas parler ni se souvenir des discours d'un religieux aux vues mauvaises, à la conduite mauvaise ; Ananda, je ne le permets pas ; car pour ces hommes pervers, il n'y a aucun frein.

6º Une religieuse ne doit pas dire des paroles méprisantes à un religieux ni se mettre en colère contre lui.

7º Sitôt qu'une religieuse a des scrupules de conscience ou des doutes sur la loi, qu'elle aille consulter un religieux.

8º Une religieuse, fût-elle ordonnée depuis cent ans, n'en devra pas moins se lever devant un religieux ordonné à l'instant même, et lui faire un salut gracieux en lui disant des paroles agréables.

Telles sont, Ananda, les huit lois que j'établis pour prévenir les péchés et les transgressions des femmes. Elles peuvent maintenant entrer en religion, et c'est toi, Ananda, qui seras chargé de leur enseigner la loi (1). »

La troupe éplorée attendait impatiemment son jeune avocat. Il revint enfin, la figure illuminée par le succès. Gautamî accepte avec enthousiasme les conditions prescrites. « Ces huit lois, révérend, dit-elle à Ananda, nous les recevons avec la parole, l'esprit et la tête (2). »

La lutte a été rude, mais l'avantage est resté aux femmes. Elles ont vaincu cette volonté dont le démon lui-même n'avait pu triompher. Désormais le cloître leur est ouvert ; nous allons les y suivre et voir jusqu'à quel point les prévisions du Bouddha devaient se réaliser.

(1) Livre de la Discipline. Fol. 331.
(2) Probablement en pensées, en paroles et en actions.

II

L'institution des religieuses, si laborieu-
sement obtenue, devait avoir une heureuse
influence sur le sort des femmes. « A la
jeune veuve, à l'épouse négligée, à la maîtresse trahie, le couvent offrait une carrière
honorable, un refuge contre les persécutions
journalières de parents avides, d'époux
trompeurs et d'amants sans foi » (1). L'esprit d'égalité et de tolérance du Bouddha
se retrouve ici. Toute opprimée eut droit
d'asile, et les femmes furent acceptées, sans
distinction de castes, pourvu qu'elles eussent vingt ans accomplis.

Mais la postulante était soumise à des
épreuves, et le noviciat ne durait pas moins
de deux années. Une savante maîtresse
était chargée d'instruire la nouvelle venue;
elle lui posait certaines questions de dogme,
auxquelles il fallait répondre par des formules convenues.

« Quels sont les trois refuges ? demandait

(1) Cunningham, *The Bhilsa topes.* In-8, London, 1854. Pag. 60.

l'institutrice. Le Bouddha, la loi et l'assemblée des fidèles, répondait l'élève.

« Quelles sont les cinq bases de l'étude ?

« 1º Ne pas tuer, 2º ne rien prendre qui ne soit donné, 3º ne pas commettre d'impureté, 4º ne pas mentir, 5º ne pas boire de liqueur enivrante, et fuir toute société immodeste. »

Cette espèce de catéchisme s'augmentait avec une facilité dont les livres sacrés fournissent de curieux échantillons. Parfois l'examen d'un religieux venait contrôler l'enseignement de la maîtresse.

Quand la préparation était jugée suffisante, le chapitre féminin, assisté de quelques religieux, s'assemblait solennellement. On introduisait la novice ; elle saluait en joignant les mains, dans l'attitude de l'adoration. « Réfléchissez bien à ce que vous faites, pensez-y bien, » lui disait-on à plusieurs reprises ; et elle, de répliquer chaque fois : « Je vais en refuge, vers le premier des hommes, le respectable Bouddha. » Alors une religieuse s'approchant demandait : « Jeune femme, consentez-vous à faire raser vos cheveux ? » Et sur sa réponse affirmative, les ciseaux faisaient tomber la chevelure de l'Indienne. C'était le symbole du renoncement à la beauté et aux parures. La tête dénudée était lavée avec de l'eau froide en été et de l'eau chaude en hiver. On bénissait les cinq objets qui composaient l'habit monastique. Puis la catéchumène revêtissant la robe sans épaulettes, on drapait sur elle le manteau aux longs plis, et on plaçait dans sa main la sébile aux aumônes. Le moment suprême était venu. La novice s'avançait vers l'assistance, s'inclinait devant son institutrice, et, d'une voix assurée, faisait ses adieux au monde : « Je m'engage pour jamais à suivre la loi du vénérable Bouddha; j'abandonne tout ce qui ressemble au gouvernement d'une maison, et je prends tout ce qui est le caractère des religieuses mendiantes » (1).

Les vœux prononcés une Bikchounî mesurait les heures sur un cadran; elle disait lentement les divisions du jour et de la nuit et la façon dont le temps était réglé. Une dernière fois on répétait à la novice ce qu'elle devait faire et surtout ce qu'elle devait éviter. Le Bouddha ne voulait pas qu'une volonté fût surprise; il fallait contracter de si graves engagements en toute connaissance de cause.

(1) Dans le *Doul-va*, ou livre de la Discipline, qui fait partie de la grande collection tibétaine en cent volumes que possède la Bibliothèque nationale. T. XI, fol. 337.

Les cinq premiers commandements se formulaient ainsi :

1º Ne pas aller seule dans un village.

2º Ne pas se disputer.

3º Ne pas être en contact avec un homme.

4º Ne pas rester seule avec lui.

5º Eviter toute faute et tout mal moral.

Venaient ensuite les six lois secondaires.

1º Ne pas accepter d'or ni d'argent.

2º Ne pas s'épiler le corps ni se livrer à des recherches de coquetterie.

3º Ne pas creuser la terre.

4º Ne pas couper ses ongles jusqu'à la racine.

5º Ne pas manger de nourriture autre que celle qui vous a été donnée.

6º Ne pas manger ce qui a été laissé par d'autres (1).

La prise d'habits et la prononciation des vœux terminées, on quittait la salle de l'ordination. Le clergé féminin faisait subir à la nouvelle initiée un minutieux examen. L'institutrice prenait la parole : « C'est le moment de dire la vérité et le temps d'être pure. A tout ce que je te demanderai, réponds sans mensonge et sans erreur.

« Es-tu femme ? — Je le suis.

(1) Livre de la Discipline, déjà cité. Fol. 340.

« Ton père et ta mère ont-ils donné leur consentement à ton entrée en religion ?

« Tu n'es pas esclave?

« Tu n'es pas voleuse ?

« Tu n'es pas Nâga (1) ?

« Tu n'es pas un religieux déguisé?

« Tu n'as pas blessé le roi? Tu n'es pas irritée contre lui?

« Tu n'es pas atteinte de lèpre ni d'aucune maladie contagieuse? »

Et une foule d'autres questions dont la bizarrerie et la crudité font reculer notre plume (2).

L'examen terminé à la satisfaction de l'aréopage : « Va, disait-on à la religieuse ; tu n'es plus novice, et désormais tu t'appelles Bikchounî. »

Le trousseau était bientôt prêt ; on n'y sacrifiait guère à l'élégance. Le réformateur n'avait pas jugé nécessaire d'établir une différence entre les vêtemens des femmes et ceux des hommes; comme les religieux elles portaient : 1° la *Sanghati*, sorte de camisole ou blouse, serrée à la taille et descendant jusqu'aux genoux ; 2° L'*Outtara-Sanghati*, manteau ou cape qui s'attachait

(1) Ou dragon des eaux, allusion à une légende qu'on trouvera plus bas. Pag. 36.
(2) Voir le livre de la Discipline.

sur l'épaule gauche et sous la droite, laissant tout un bras à découvert. 3° L'*Antara-Vasaka*, vêtement de dessous, large chemise dont on s'enveloppait pour dormir. Tous ces habits étaient teints avec de l'ocre rouge ; le jaune appartient aux sectes modernes, et il n'en est pas fait mention dans les livres anciens.

Sur les bas-reliefs de Santchi, qui donnent la plus fidèle représentation du costume religieux, le manteau des nonnes n'est pas assez grand pour cacher le sein droit. En dépit du laisser aller qu'autorise le climat, cette nudité paraît invraisemblable ; ce doit être une fantaisie d'artiste, un expédient du sculpteur, qui n'avait d'autre moyen à sa disposition pour montrer la différence des deux sexes, et il est probable que les religieuses portaient, comme le font encore aujourd'hui les femmes des bords du Sutledge, l'épaule et le bras découverts sans montrer pour cela leur poitrine. Mais quand elles vaquaient à leurs travaux journaliers, comme de puiser de l'eau, ramasser du bois ou porter des fardeaux, alors seulement l'Outtara était laissé de côté (1).

Joignez aux trois robes ou tuniques une

(1) Cunningham, lieu cité.

ceinture, un vase pour les aumônes, une aiguille, un filtre, une lampe, un tapis, une mince couchette, et vous aurez tout ce que possédait la religieuse. De miroir, il n'en est même pas question. En revanche, les règles du *Pratimôkcha* ou Délivrance individuelle, sont plus longues que l'inventaire du mobilier. Qu'on en juge par cette rapide analyse.

La cellule doit être consacrée ; elle aura douze empans de long sur sept de large. Le lit sera étroit et ne prêtera pas à la mollesse ; la couverture devra durer six ans et sera faite de laine brune. Le tapis, sur lequel on s'assied, sera tissé avec deux parts de laine noire, une de laine blanche et une de laine brune ; tout mélange de soie est interdit. Si le tapis est neuf, on y ajoutera une pièce du vieux tapis. On ne mettra pas au rebut une sébile qui ne sera brisée qu'en cinq endroits, et jamais on ne la remplira complétement. L'étui à aiguilles ne pourra pas être en corne, en ivoire ou en or. Si on a une robe nouvelle, il faudra la salir de taches et de boue ; on gardera un morceau de la vieille robe pour l'ajouter à la neuve. On aura pour la saison des pluies, un vêtement spécial, ne traînant pas à terre. Les religieuses ne s'occuperont pas de la confection de leurs robes respectives ; elles n'en parleront pas entre elles. Il est défendu à une Bikchounî de coudre la robe d'un religieux, à moins qu'elle ne soit sa parente. On ne devra manger que ce qui vous a été donné, et, tant qu'on n'aura pas reçu la charité, l'eau seule sera permise pour apaiser la faim. On mangera sans avidité, et sans choisir les morceaux. Ce sera toujours du riz, des racines ou des fruits ; la viande, le beurre, le poisson et le sucre seront tolérés si l'on est malade. Lorsque des prêtres auront été invités à dîner, on attendra qu'ils aient fini leur repas pour se mettre à table. L'eau sera soigneusement filtrée à cause des insectes, car il ne faut ôter la vie à aucun être. En cas de maladie, seulement, on apportera du feu dans la cellule. On ne prendra que deux bains par mois. On fera une confession publique deux fois par mois, à la nouvelle et à la pleine lune. On ne critiquera jamais le Bouddha ni sa doctrine. On recevra l'aumône sans jamais la faire. On ne voyagera pas, et on n'entrera pas dans les villages sans autorisation, à une heure indue. Un religieux ne pénétrera pas dans l'intérieur d'un couvent de femmes, une fois le soleil couché, à moins qu'il ne s'agisse d'exhorter une malade et de la préparer à bien mourir.

Dans le *Pratimôkcha*, duquel sont

extraites les règles qui précèdent et qui ne contient pas moins de quatre-vingts pages, une idée fixe se retrouve à chaque instant, l'aspiration vers la délivrance finale et le détachement des biens périssables. « Tu n'aimeras rien, tu ne posséderas rien ici-bas, » dit sans cesse le livre sacré ; et tout, dans la vie de chaque jour, le rappelle à la religieuse, depuis cette robe neuve dont il a fallu ternir la pureté, jusqu'à cette défense expresse de rien donner. Sans doute le *Pratimôkcha* pèche par l'exagération des préceptes ; mais combien de précautions délicates, et quelle sage prévoyance cachée sous ces prescriptions parfois puériles. Comme Moïse, comme Manou, comme saint Paul, le sage Gôtama connaît la fragilité humaine. Les surprises de la chair et les attendrissements de l'âme lui causent une égale méfiance. Quand le printemps ramène cet ardent soleil qui brûle les veines, il multiplie les barrières entre les deux sexes. Pendant l'été, les religieuses devront consulter tour à tour un prêtre différent, pour ne pas s'attacher plus à l'un qu'à l'autre et éviter ces enthousiasmes mystiques, ingénieux déguisements de l'amour. Croyez-vous, par exemple, que cet Ananda, chargé d'instruire les premières religieuses, ne devint pas dangereux pour elles? Ces imaginations féminines furent séduites par la reconnaissance, et ce directeur spirituel, jeune et beau, dut allumer, sans le savoir, plus d'une passion chaste ou brûlante, doucement caressée dans la contemplation du cloître. Bien des années après la mort du saint, les femmes s'agenouillaient encore devant ses reliques et les couvraient de fleurs (1).

Avec des organisations si nerveuses et si impressionnables, le plus sûr est de supprimer ce qui peut amener un rapprochement ou une familiarité quelconque. Le Bouddha défend qu'une religieuse voyage avec un religieux, surtout qu'elle n'aille jamais en bateau avec lui. Le bateau inspire à Gôtama une crainte spéciale. Est-ce le balancement voluptueux imprimé par la rame, l'aspect monotone du ciel et de l'eau ou la solitude qui pourrait éveiller une pensée coupable? Mieux vaut que le religieux se montre seulement dans les circonstances solennelles, à une ordination, au lit d'une mourante. L'auréole de respect qui l'entoure fera oublier qu'il est homme et sujet aux faiblesses humaines.

La violation des vœux de chasteté était sévèrement punie; elle entraînait sur-le-

(1) Cunningham, lieu cité, pag. 61.

champ l'expulsion des ordres, et aucune circonstance atténuante ne pouvait sauver le coupable. On raconte une histoire invraisemblable si elle n'était consignée dans des textes authentiques. Un homme marié avait quitté sa maison et embrassé l'état religieux. Le hasard lui fait un jour rencontrer celle qui avait été sa femme. Après les compliments obligés, les deux époux évoquent des souvenirs communs ; peu à peu ils s'attendrissent sur leurs amours passés, tant et si bien qu'ils essayent de les ressusciter. Le délit fut constaté, et ce moine, qui avait la mémoire conjugale si tendre, fut traité sans miséricorde (1).

D'après ce récit, on voit que les hommes mariés pouvaient entrer en religion. Les femmes pouvaient en faire autant ; mais le consentement de leur mari était indispensable. En voici un exemple : La religieuse Bomgamo entra un matin dans une maison où le mari et la femme se querellaient. La vénérable personne, qui était un peu curieuse, demanda le sujet de la dispute, et l'épouse en colère ne se fit pas prier pour tout raconter. « Pourquoi n'entrerais-tu pas en religion ? lui dit aussitôt Bomgamo. Le dépit aidant, la femme accepte avec en-

____

(1) *Asiatic Researches*, T. XX, pag. 81.

thousiasme. La religieuse lui fait prononcer la formule consacrée, et voilà nos deux étourdies qui s'acheminent vers le couvent. Quelque temps après le mari rentrait ; la réflexion l'avait calmé, et il était d'humeur conciliante. Où est ma femme? dit-il précipitamment à un voisin. — Bomgamo en a fait une religieuse, répond celui-ci. L'époux, fort mécontent, va se plaindre au Bouddha lui-même. Bomgamo est sévèrement réprimandée et l'épouse réintégrée sous le toit conjugal (1).

Instruire la jeunesse, mendier et méditer, adorer les reliques du Bouddha, telles étaient les principales occupations des religieuses.

Transportons-nous aux portes de Bénarès : loin des bruits de la ville et du contact des étrangers, sur les confins d'une forêt, s'élève le couvent. Le jour vient de paraître. Déjà la religieuse est debout, se préparant à quêter le repas quotidien. Elle tient à la main la sébile destinée à recevoir les offrandes; le chapelet à cent huit grains pend à sa ceinture, et l'Outtara fixé sur son épaule traîne jusqu'à terre en plis flottants. Elle s'en va pas à pas, pour ne point écraser les insectes du chemin, la tête nue, ne

____

(1) *Doulva*, T. IX, fol. 426 et suiv.

portant pas le regard plus loin que la longueur d'un joug (1). En vain tout s'éveille avec des grâces nouvelles; les dattiers balancent leurs grappes tentatrices; le fruit rouge du vimba réjouit les yeux par sa couleur vermeille; l'asôka entr'ouvre ses fleurs empourprées qu'une nuit a fait éclore, et le manguier déploie, comme un parasol, ses rameaux odorants. La religieuse ne voit rien. Pour elle le monde extérieur n'existe pas; elle entre dans la ville; point d'empressement; de l'humilité et du calme; elle tend la main en silence; lui donnera qui voudra. Personne ne se fait prier; c'est à qui remplira de riz bouilli la sébile aux aumônes. La sainte femme mange, sans avidité, juste la portion qui lui est nécessaire, et, sitôt son frugal repas terminé, elle s'achemine vers le monastère. L'heure de la classe est arrivée; les enfants prennent place sur les bancs de l'école; les voici groupés autour de leur institutrice, tels que nous le représente un bas-relief des caves d'Ajounta (2). L'enseignement roule d'or-

(1) Formule des livres sacrés.

(2) Dans une des caves d'Ajounta est représentée une servante du Bouddha, occupée à instruire la jeunesse et entourée d'un groupe de figures plus petites qui écoutent attentivement.

(Spence Hardy, *Eastern monachism*.)

dinaire sur la doctrine du maître et sur ses
miracles. Les élèves apprennent par cœur
ces légendes merveilleuses, qui décideront
un jour leur vocation. Après avoir pourvu
aux besoins de son corps et à la nourriture
spirituelle de ses écolières, la religieuse est
libre de songer à son salut. Le soir la sur-
prend absorbée encore dans la prière et la
méditation ; c'est pour elle le point capital,
le plus sûr moyen d'atteindre la délivrance.
Par l'exercice des rites mystiques, la Bikchounî en arrivera à conjurer les démons
ennemis de l'homme ; et elle acquerrera sur
le monde extérieur une puissance surnatu-
relle. A force d'austérités, une religieuse,
sœur du roi Kâlâsôka, était parvenue à
s'envoler dans les airs (1) ; elle y prenait,
pour la plus grande gloire du Bouddha, ce
que les Indiens appellent les quatre postures (2) ; et chacun la regardait comme une
sainte.

(1) *Life in ancient India.* (Mrs. Speir, pag. 295.)
(2) Se tenir debout, marcher, s'asseoir ou se
coucher tour à tour dans l'espace.

Deux jeunes princes s'élevèrent dans les airs pour
convertir leur père le roi, Çoubhavyouha ; tous
deux, suspendus en l'air, s'y assirent ; ils y mar-
chèrent ; ils y soulevèrent de la poussière. Tantôt
de la partie inférieure de leur corps s'échappait un
courant d'eau, et de la partie supérieure s'élançait
une masse de feu. Tantôt ils grandissaient au mi-

A part la légende qui joue un grand rôle dans ces récits, le régime du couvent pouvait favoriser ces idées bizarres. Mettez aux prises avec cette contemplation perpétuelle, un cerveau affaibli par le jeûne, un tempérament qui a ses révoltes, et une imagination qui se venge des privations corporelles, vous aurez la religieuse indienne voltigeant dans les airs, ou la carmélite espagnole ayant des visions aux pieds du Christ. Par malheur ces extases et ces crises nerveuses n'ont pas donné au Bouddhisme une sainte Thérèse, et aucun livre canonique n'a pour auteur une religieuse. Peut-être s'est-il trouvé parmi elles des femmes lettrées comme Héloïse ou Madame Guyon, de beaux esprits dissertant sur des sujets abstraits, tels que les 108 portes visibles de la loi qui mènent à la *Pradjnâ pâramitâ*(1): nous ne pourrions dire le contraire;

lieu des airs et devenaient ensuite comme des nains; tantôt ils disparaissaient du milieu des airs et, s'étant plongés sous terre, ils reparaissaient de nouveau dans le ciel. *(Lotus de la bonne loi*, pag. 270. trad. d'E. Burnouf.)

(1) Ou sagesse transcendante. C'est le nom d'une division des livres sacrés qui contient la partie la plus abstraite de la métaphysique du Bouddhisme.

— 108 est un nombre mystique qui se retrouve souvent; c'est ainsi que le chapelet des nonnes a 108 grains.

mais la suprématie de l'homme est affirmée
dans tous les livres sacrés d'une façon hu-
miliante pour les femmes. Prend-il fantaisie à l'une d'elles d'entrer en discussion religieuse avec son mari? elle est aussitôt ré-
duite au silence par des arguments sans
réplique. Peu après, elle conçoit un fils d'une
nature merveilleuse; elle reprend alors la
controverse et le mari est vaincu à son
tour; mais que l'épouse ne s'en targue pas:
cette victoire ne doit être attribuée qu'à la
présence du merveilleux enfant dans son
sein (1).

En vain la femme s'exerce-t-elle aux
bonnes œuvres et à la mortification; en
vain est-elle accomplie dans les cinq per-
fections; religieuse ou laïque, elle ne peut
atteindre la délivrance finale qu'à la condition de devenir homme dans une autre
existence. Par un privilége inouï, la fille
de Sagara, roi des serpents, se transforme
sans passer par la transmigration; elle se
montre aux populations avec les attributs
masculins; elle devient immédiatement un
Bodhisattva et obtient les respects de l'uni-
vers (2).

N'y aurait-il pas, dans cette exclusion, un
peu de jalousie causée par l'influence iné-

(1) *Asiatic Researches*, XX, pag. 49.
(2) *Ibid.*, pag. 407.

vitable qu'exerce la femme, même quand l'intelligence et la beauté lui font défaut? Du reste l'instruction semble avoir été dans l'Inde ancienne, comme chez les Grecs, l'apanage exclusif des courtisanes. Les religieuses ne savaient pas grand'chose; elles avaient cette foi passive qui n'analyse et ne discute rien. Elles priaient; leur esprit et leur corps se laissaient indolemment bercer par la méditation; mais elles quittaient la vie, rassurées contre les fantômes de la dernière heure, et croyant fermement à ce Nirvâna dont Sâkya-Mouni leur avait ouvert les régions sereines (1).

L'œuvre du Bouddha eut ses beaux jours et ses néophytes pleins de ferveur. Hélas! il faut toujours compter avec la mobilité humaine; les infractions à la règle ne se firent pas attendre. Le saint vivait encore et déjà les religieuses commençaient à ouvrir la porte aux mauvais penchants, *ces voleurs* que redoutait si fort le maître. Un peu d'oisiveté, beaucoup de commérages, engendrèrent les rivalités et les querelles de femmes. La coquetterie vint à son tour: le costume s'y prêtait mal; mais la première nonne que tenta le désir de plaire sut d'in-

---

(1) Leurs corps étaient brûlés et leurs cendres enterrées sous un figuier, en mémoire de l'arbre sous lequel vécut longtemps Gôtama Bouddha.

stinct comment draper la *Sanghati* grossière ; et, faute de miroir, elle courut sans doute à l'étang des lotus s'y contempler à l'aise. .

Au besoin les religieuses fraudèrent la sévérité du costume monacal. Le roi de Kalinga avait envoyé à son voisin le roi Kôsala une pièce de mousseline extrêmement fine et transparente. Ce présent tomba entre les mains d'une religieuse, qui n'eut rien de plus pressé que de s'en confectionner un vêtement. Elle eut l'audace de se montrer en public, ainsi qu'une danseuse, sous un tissu qui voilait ses formes sans les cacher. Un blâme énergique vint flétrir cette conduite, mais il ne corrigea personne (1).

Du reste les nonnes n'étaient pas seules à abuser de la toilette. Il paraît que les religieux avaient tant de costumes, appropriés à diverses cérémonies, qu'ils passaient tout leur temps à s'habiller et à se déshabiller. Il ne leur restait même plus le loisir de lire ni d'étudier. Où étaient reléguées, dans cette fastueuse garde-robe, les trois misérables tuniques des disciples du Bouddha (2) ?

Lorsque le Pratimôkcha fut parfois oublié, le voisinage des communautés d'hom-

(1) *Asiatic Researches*, XX, pag. 85.
(2) *Ibid.*, pag. 82.

mes produisit des occasions dangereuses. Pour n'en citer qu'un exemple, deux religieuses traversaient le jardin d'un couvent. Sous les arbres dormait un religieux, peut-être le frère jardinier. A cause de la chaleur, il avait relevé presque tous ses vêtements, et une petite brise vint à soulever le peu qui restait. Pauvres nonnes ! Elles vont se voiler la face et s'enfuir pour éviter un pareil spectacle ? — Point du tout. Elles s'arrêtent, au contraire, examinent le dormeur avec curiosité et finissent par rire beaucoup de ce qu'elles aperçoivent (1). L'histoire n'en dit pas davantage ; mais c'est déjà une grave atteinte à la chasteté. O sévère Gôtama ! vous n'eussiez pas donné l'absolution à ces étourdies.

Le démon, d'ailleurs, était toujours aux aguets ; des religieuses mendiantes s'en allaient-elles chercher l'aumône ? vite le voilà sur leurs pas. L'une d'elles s'assied dans la campagne pour manger et se reposer. Survient le démon Mâra qui entame l'entretien et s'efforce d'ébranler la foi de son interlocutrice. La religieuse répond, sans hésiter, qu'elle est soumise à la loi du Bouddha et qu'elle ne partage aucune hérésie. Le rusé démon attaque une autre corde. Il lui parle des joies et des plaisirs de la vie.

(1) Kanjour tibétain.

Alors la religieuse se fâche ; elle confond Mâra en lui disant qu'elle l'a reconnu sous son déguisement, et l'ennemi du genre humain se sauve, très-vexé d'en être pour ses frais d'éloquence (1).

Une autre fois, c'était un Nâga ou serpent, qui, déguisé en moine, s'introduisait dans un couvent. Ces espèces de génies des eaux pouvaient se transformer à volonté sous une condition expresse : lorsqu'ils satisfaisaient les besoins ordinaires de la vie, comme de manger ou de dormir, il fallait reprendre la forme d'un Nâga ; impossible d'y échapper. On mettait toujours deux religieux dans la même cellule. Une nuit le moine Nâga était plongé dans un profond sommeil ; le camarade s'éveillant tout à coup, aperçut, au clair de la lune, la queue du serpent qui se déroulait en longs anneaux sur le plancher. A cette vue, il jette les hauts cris ; le Nâga se hâte de reprendre sa forme primitive ; mais l'alarme était donnée, et depuis, dans l'examen préparatoire qu'on faisait subir aux religieux des deux sexes, on avait grand soin de demander : Es-tu Nâga ?

Ces Nâgas avaient un penchant déclaré pour le Bouddhisme. Le roi Piyadasi en-

(1) Légende pâli.

voya aux habitants de Ceylan une ambassade qui portait une branche du figuier sacré sous lequel le Bouddha avait obtenu la délivrance. Pendant tout le voyage les serpents nagèrent autour du vaisseau, convoitant la précieuse relique, si bien que la religieuse Sanghamitta leur permit de l'emporter pour une huitaine de jours (1).

Ces Nâgas pourraient bien être les habitants des marais de l'ancien Kachemir, populations lacustres, qui vivaient plus sur les eaux que sur la terre ferme. L'imagination orientale va si vite ! elle a bientôt transformé un pêcheur en dragon des eaux.

Une des légendes les plus curieuses est celle d'Outpala-varnâ (2), qu'on n'a jamais traduite en français. Nous avons tous, dans notre enfance, lu les *Mille et une Nuits*, et notre cœur s'est ému aux voyages de Sindbad le marin. Les aventures de la religieuse Outpala ont plus d'un rapport avec celles du navigateur imaginaire.

Cinq cents femmes de grande famille, désireuses d'échapper aux misères de la vie ordinaire, étaient entrées en religion.

(1) Sanghamitta était la fille du roi Piyadasi. (Mistress Speir, *Life in ancient India*).
(2) Dans le *Dsang-loun* (Sage et fou), chap. XXV, publié en tibétain avec une traduction allemande. par I. J. Schmidt. In-4, St-Petersburg, 1843.

N'ayant pas trouvé dans la solitude le calme et l'oubli des passions, elles vont consulter la religieuse Outpala, et la prient de les instruire suivant la loi. La sainte femme ne trouve rien de mieux que de leur conter son histoire. Tout en l'abrégeant, nous allons tâcher de laisser au conte indien sa physionomie originale :

« J'étais née, dit Outpala à ses ouailles, dans une famille de religieux errants. Mon père et ma mère me donnèrent pour époux un savant homme. Il avait déjà un fils, et, peu de temps après mon mariage, je devins enceinte. Je dis à mon mari : « J'approche du terme et il ne me conviendrait pas d'accoucher ici. — C'est bien, » me répondit-il, et nous partîmes avec son fils. A peu près au milieu de la route, je fus prise des douleurs de l'enfantement, et, à minuit, je mis au monde un fils. Mon mari, qui s'était endormi à côté sous un arbre, fut mordu par un serpent. Je l'appelai pendant la nuit, sans recevoir de réponse ; le matin seulement, je m'aperçus qu'il était mort, et que son corps commençait à se décomposer. Je m'évanouis. Mon beau-fils, voyant son père en cet état, se mit à pleurer ; ce qui me fit revenir à moi. Je suspendis l'aîné des enfants à mon cou, et, prenant le plus petit sur ma poitrine, je me mis en marche. Personne sur la route ; au milieu du chemin se trouva une rivière : il fallait la traverser, et, comme elle était large, je déposai mon beau-fils sur le bord, et j'entrai dans l'eau pour me rendre à l'autre rive avec le nouveau-né. Je revins pour prendre l'autre enfant ; mais lui, dans sa joie de voir venir sa mère, entra dans l'eau et fut entraîné par le courant. Je retournai à l'autre bord. Pendant mon absence, le petit avait été mangé par un loup, et il ne restait sur l'herbe que quelques gouttes de sang. Je m'évanouis de nouveau. Assez longtemps après, je repris mes sens et me remis en route. Je rencontrai un religieux errant, voisin de mon père et de ma mère. Il me demanda comment je me trouvais dans ce piteux état, et je lui contai mon histoire. Je l'interrogeai sur mes parents. « Le feu, me dit-il, a pris à leur logis ; ton père, ta mère et tous les gens de la maison ont été réduits en cendres. » A ces mots, je m'évanouis encore et tombai à terre. Il me releva, me conduisit chez lui, me traita comme sa fille, et enfin me prit pour femme. Au bout de peu de temps, je devins enceinte. Comme j'approchais du terme, mon mari fut invité à boire du vin chez des amis ; et aussitôt je mis au monde un fils. Mon mari, encore pris par l'ivresse, frappa à la porte, que j'avais fermée pour la circonstance. Il se mit en colère, brisa la serrure, et, étant entré, il me battit. J'ai mis au monde un fils, lui dis-je pour le calmer; mais lui, ayant tué l'enfant, le fit frire dans du beurre et me le présenta à manger. Je refusai avec horreur; il me battit de nouveau, me fit manger de force, et je pensai: Par quel manque de bonnes actions de pareils maux me sont-ils arrivés? J'abandonnai mon mari et je m'enfuis à Bénarès. En dehors de la ville se trouvait un jeune homme, dont la femme était morte récemment. Il pleurait auprès de son tombeau.

« Que fais-tu là toute seule? » dit-il en m'apercevant. Je lui contai ce qui m'était arrivé. Il me conduisit sous un bosquet et me dit : « Sois ma femme. » Je répondis : « Qu'il en soit comme vous le désirez. » Il y avait peu de temps que nous étions unis, quand il fut attaqué d'une maladie qui l'emporta. Selon l'usage du pays, lorsqu'un couple avait vécu en bonne intelligence, la femme, à la mort du mari, était enterrée vivante avec lui. Je fus donc mise au tombeau près de mon mari. Le soir un voleur de tombes descella les pierres du caveau et me conduisit au chef des voleurs ; celui-ci, me trouvant à son gré, m'épousa. Peu après, dans ses courses, ce voleur fut tué par le roi. Les compagnons du voleur m'enterrèrent avec lui. Je restai ainsi trois jours, lorsqu'un loup creusa l'entrée de la tombe et y fit une petite ouverture. Je réussis à sortir par là, et je pensai : Qu'avais-je donc fait antérieurement pour être deux fois mise au tombeau vivante?

« Ce que j'avais fait, apprenez-le : cette succession de malheurs inouïs n'était que la conséquence des fautes commises dans une existence antérieure. Je tuai jadis l'enfant de mon mari et d'une autre femme : avec une aiguille je perçai la fontanelle à cette pauvre créature ; au meurtre j'ajoutai le mensonge, et, lorsque la mère me redemandait son enfant, je répondis : « Si c'est moi qui l'ai fait mourir, que dans toutes mes existences mon mari soit tué par un serpent ; si j'ai un fils, qu'il soit emporté par l'eau d'un fleuve ; que je sois enterrée vivante ; que je mange la chair de mon propre enfant, et que l'incendie dévore la maison de mon père et de ma mère. » Hélas ! vous le voyez, tout cela est arrivé. »

C'est la logique bouddhiste dans sa plus rigoureuse déduction et complétement d'accord avec la doctrine brahmanique. Supprimez la loi des renaissances, et tout le système s'écroule ; les prières, les vertus, des religieux sont inutiles, et Sâkya-Mouni n'est qu'un illustre insensé.

Il y a dans un recueil de poésies chinoises, une jolie ballade intitulée : « La Religieuse qui pense au monde. » Cette fiction s'est parfois retrouvée dans la réalité; en Orient comme ailleurs, on aidait la vocation. L'héroïne de notre ballade a été sacrifiée et entraînée dans le cloître par des parents impitoyables. En vain elle essaye de prier, et égrène entre ses doigts un chapelet de perles blanches. Les pensées pieuses sont loin de son cœur ; elle rêve le bonheur qui échappe à ses vingt ans, tout ce qu'elle ne connaît pas et tout ce qu'elle imagine. L'envie surtout la dévore : « les femmes du monde se nourrissent de mets délicieux ; la pauvre religieuse n'a d'autre aliment que du riz insipide, d'autre breuvage que du thé amer. Les femmes du monde s'habillent d'étoffes moelleuses, tissues d'or et de soie; moi, triste esclave, je n'ai d'autre vêtement qu'une tunique grossière. Les femmes du monde ont un époux jeune et tendre ; moi, je suis condamnée à rester seule. » Vivre sans époux, voilà son plus grand grief contre le cloître. Aussi le diable s'empresse-t-il de lui envoyer des songes brûlants. Elle rêve qu'un jeune étudiant est entré la nuit dans sa cellule ; il l'attire vers lui, la presse sur

son cœur et la comble de caresses. Hélas!
le réveil est terrible. Haletante, éperdue,
la religieuse cherche à étreindre dans le vide
une ombre insaisissable; la nuit et le silence répondent seuls à ses cris entrecou-
pés; des regrets pleins de rage montent aux
lèvres de cette vierge folle; elle retombe
épuisée sur le lit où elle ne se rendormira
pas. Sa jeunesse, sa force, sa beauté, tout
conspire pour la perdre. Dans ce drame à
deux personnages, l'un visible et l'autre in-
visible, vous devinez qui aura la victoire.
Le démon Mâra sait bien ce qu'il fait; blotti
sous l'oreiller de cette mince couchette, sa
lèvre se plisse sous un rire sardonique, le
songe est le dernier coup porté à une vertu
chancelante. Justement, la Supérieure est
absente; la prisonnière s'échappera du cloître et ira chercher un amant (1). Le couvent du moins n'y perdra pas une religieuse
zélée.

A cette enfant, qui s'exagère à plaisir un
monde inconnu, nous opposerons une
courtisane célèbre dans les annales du
Bouddhisme. Vâsavadattâ s'est prise pour
le bel Oupagoupta d'une de ces passions in-

(1) *Les Avadânas,* contes et apologues indiens,
traduits du chinois, par M. Stanislas Julien, t. II,
pag. 167.

sensées qui saisissent parfois une femme
au déclin de la jeunesse. Mais celui qu'elle
aime reste sourd aux prières et aux séduc-
tions. Il a de plus sérieuses pensées que
l'amour et veut obtenir la délivrance finale.
Tout à coup, un bruit étrange parvient jusque dans la retraite où il médite les quatre
vérités. Il apprend que la courtisane, accu-
sée de meurtre, a dû avoir les pieds, les
mains, les oreilles et le nez coupés. Elle a
été abandonnée en cet horrible état au milieu du cimetière. Maintenant Oupagoupta
n'a plus rien à craindre, et, seul il assistera la
courtisane, quand tous la fuient avec horreur. Vâsavadattâ l'aperçoit de loin ; il s'approche lentement ; le corps mutilé, qui gisait
sur le gazon funèbre, se dresse par un suprême effort. Pudeur ou coquetterie dernière, la courtisane ordonne à sa fidèle servante de ramasser ses membres épars et de
les cacher sous un morceau de toile. « Ah !
dit-elle au jeune homme, pourquoi venir
contempler un corps qui n'inspire plus que
l'épouvante ? — Ma sœur, lui répond Oupagoupta, je ne suis pas venu naguère auprès de toi, attiré par le plaisir ; mais je
viens aujourd'hui pour connaître la véritable nature des misérables objets des jouis-
sances de l'homme. » Et cette bouche, qui
a refusé ses baisers à Vâsavadattâ, lui pro-

digue des paroles de consolation et d'espérance. Ce débris humain semble se ranimer au souffle de l'esprit ; le joug qui pesait à la religieuse ignorante, la courtisane blasée l'accepte avec joie. Elle meurt bientôt sous le vêtement religieux, pour renaître au ciel parmi les dieux (1).

Ne croirait-on pas entendre un écho affaibli du Nouveau Testament, et ce religieux qui bénit la mourante ne rappelle-t-il pas un peu le Christ étendant sa main miséricordieuse sur le front d'une Samaritaine ?

Le théâtre, qui était dans l'Inde, comme partout, le reflet des mœurs de l'époque, nous montre volontiers des religieuses bouddhistes ; parfois, il faut le dire, elles ne jouent pas un rôle très-noble, et les auteurs se plaisent à en faire des entremetteuses.

Dans sa comédie de Mâlavikâ et Agnimitra (2) le civaïte Kâlidâsa est plus respectueux. La religieuse Kaucikî est confidente de la reine Dharinî, qui lui cède le

(1) *Introduction à l'Histoire du Bouddhisme indien*, pag. 146.

(2) On a contesté cette pièce à Kâlidâsa ; c'est à tort selon nous. Quand on a lu la *Sakountalâ* du même auteur, on reconnaît très-bien sa manière et son style.

pas en maintes occasions, et le roi lui-même
est plein de déférence pour la bienheureuse.
Peut-être s'étonnera-t-on de trouver dans
un lieu si mondain celle qui a fait vœu de
pauvreté. Ne la condamnons pas trop vite :
c'est une femme habile et qui sait son
monde. Elle égaye les douleurs conjugales
de Dhârinî par de petites histoires divertis-
santes ; elle lui prodigue les câlineries et
les compliments béats qui sentent un peu
leur monastère. Le roi la prend-t-il pour
arbitre dans une querelle qui s'est élevée
entre deux maîtres de danse ? La religieuse
se prête de bonne grâce à cette fantaisie
d'un monarque en belle humeur ; elle accepte sérieusement, et désigne une panto-
mime où chaque professeur fera paraître
ses deux meilleures élèves ; elle insiste pour
que les danseuses soient peu vêtues, afin
que l'on puisse juger de la perfection de
leurs formes. Ce n'est pas d'une moralité
scrupuleuse, mais cela achève de tourner
la tête d'Agnimitra, qui devient éperdument
amoureux de la belle Mâlavikâ. On décou-
vre, au cinquième acte, que la jeune esclave
est une princesse royale enlevée et vendue
par des brigands. Kaucikî n'est autre que
sa fidèle institutrice. Un sage avait prédit
que la princesse resterait une année en es-
clavage, avant d'obtenir un époux digne

d'elle. Aussi la religieuse a gardé le silence, et s'est prêtée à des complaisances que répudiait la sainteté de son caractère. Voilà son élève brillamment établie ; elle n'a plus rien à faire chez les grands, et retournera au couvent se vouer à la prière.

Dans le *Mariage par surprise* de Bhavabhoûti (1), ce n'est pas une religieuse, c'est presque une communauté que l'auteur met en scène. Elèves et maîtresses, tout le monde est mêlé à l'intrigue, et les femmes, qui jouent d'ordinaire un rôle accessoire dans les pièces indiennes, sont ici les personnages importants.

Kâmandakî, femme remarquable par sa piété, veut unir un couple que sépare la volonté d'un roi et celle d'un père. Que d'activité ! que de ruses ! une maligne soubrette ne ferait pas mieux que cette sainte personne. Par ses soins, Madhava voit sa bien-aimée sous les bosquets de Kâmadêva(2) tandis qu'on célèbre la fête de l'amour.

Elle enflamme les deux amants en leur peignant la passion qu'ils éprouvent l'un pour l'autre, moyen bien simple, mais qui a toujours fait merveille. C'est elle encore qui, à la place du vieil époux qu'on destine

(1) Auteur fort estimé qui florissait vers l'an 720
(2) Ce nom signifie « Dieu de l'amour. »

à Mâlatî, fait tout à coup paraître Mâdhava
dans le temple. Un ami dévoué, Makaran-
da, se revêt de la robe nuptiale ; sous un
voile il jouera le personnage de la jeune
épouse, et, tandis que les amoureux cou-
rent les champs, il mènera l'illusion aussi
loin que possible.

Mais à ce travestissement burlesque suc-
cède une scène tragique. Kapâlakoundalâ,
dévouée au culte de Tchamoundâ, déesse
terrible, en veut à Madhava, et, pour se ven-
ger, elle enlève Mâlatî. L'infortunée va
mourir ; heureusement Sôdaminî veille ;
c'est l'élève de Kâmandakî. Par les austérités, elle a acquis un pouvoir surnaturel ;
voler dans les airs et y prendre les quatre
postures (1) n'est qu'un jeu pour elle. Par
ses enchantements, Mâlatî est arrachée aux
mains de la prêtresse.

« Vous avez mérité les louanges du monde,
dit Kâmandakî en embrassant la solitaire,
vous dont la haute puissance, heureux fruit
de vos premières études, éclate par des actions qui étonnent les plus grands maîtres. »

Bhavabhoûti et Kâlidâsa y mettent plus
de cérémonie que leurs confrères, mais au
fond c'est toujours la même chose : des religieuses qui aiment à s'ingérer dans les

(1) Voir plus haut, pag. 3o.

affaires d'autrui et à réunir deux beaux jeunes gens faits l'un pour l'autre. Ce n'est cependant pas pour satisfaire une rancune personnelle que les religieux bouddhistes défendaient le théâtre ; les brahmanes eux-mêmes ne le permettaient que dans de rares occasions ; en général, les ministres des diverses religions se sont accordés pour proscrire ces tableaux vivants qui excitent des passions toujours promptes à s'allumer.

Faut-il conclure avec M. Spence Hardy que le maître aurait dû s'en tenir à ses premières impressions, et ne pas fonder l'ordre des religieuses ? Non, certainement ; l'œuvre du Bouddha, comme toute institution humaine, fut sujette à des imperfections et à des misères, mais elle eut des résultats pratiques qu'on ne saurait nier : si le Bouddha n'avait pas établi les communautés religieuses, plus tard elles se seraient fondées d'elles-mêmes. La vie monastique a ses racines dans la nature humaine. Depuis les disciples de Pythagore, jusqu'aux moines de notre temps, nous retrouvons ces aspirations vers l'idéal. « Tous les hommes, à un instant donné, ont ressenti cet attrait mystérieux et puissant vers la solitude »(1).

(1) De Montalembert, *les Moines d'Occident,* t. I⁣ᵉʳ, pag. 41.

Le cloître n'est-il pas le seul refuge possible pour certaines existences tourmentées
par le chagrin ou la passion ? Un couvent
bouddhique n'a-t-il pas ouvert ses portes à
Vâsavadattâ, cette courtisane frappée par la
loi ? Que devenait Rancé, si la Trappe n'eût
enseveli à jamais ses désillusions ? Et La
Vallière elle-même, n'a-t-elle pas oublié,
sous le cilice, que Louis XIV ne l'aimait
plus ?

III

Le Bouddha avait trente-cinq ans lorsqu'il commença ses prédications. Il était plus
qu'octogénaire quand un accident, une in-
digestion, causée par un plat de viande de
porc, l'enleva subitement à ses disciples.
Les brahmanes n'ont pas manqué une si
belle occasion de moquerie et, bien des
fois, ils ont reproché aux bouddhistes cette
fin prosaïque de leur maître.

Les Tibétains donnent treize dates pour
la mort du saint, mais la tradition du Nord
et celle du Midi s'accordent pour fixer ce
grave événement à l'an 543 avant notre
ère. C'est l'opinion généralement adoptée
par les savants.

A peine Sâkya-Mouni est-il parvenu au
Nirvâna que déjà l'on craint de voir s'al-
térer la doctrine. Cinq cents religieux se
réunirent sous la direction de Kâcyapa. Ils
discutèrent longtemps, sans grands résultats, comme cela arrive parfois dans les
assemblées de ce genre. Aussi, un siècle
plus tard, sous le roi Kâlâsôka, un nouveau

concile fut jugé indispensable. Les religieux de la ville de Vâisali oubliaient la
discipline et menaient une vie scandaleuse.
Les bouddhistes, fort émus, portèrent
plainte au monarque; mais abusé par de
faux rapports, il allait donner raison aux
mauvais religieux ; heureusement, sa sœur
Anandî, cette pieuse ascète qui volait si
bien dans les airs, lui ouvrit les yeux.
Une punition fut infligée aux moines de
Vâisali, et la loi rétablie dans toute sa pureté. Enfin un troisième et dernier concile
eut lieu sous Asôka, 245 ans avant Jésus-
Christ.

Le règne d'Asôka est l'âge d'or du Bouddhisme ; le fils du roi, le prince Mahêndra,
allait porter la foi de Sâkya-Mouni dans
l'île de Ceylan, et la princesse Sanghamitta
vouait au cloître sa royale jeunesse. Les
couvents regorgeaient de biens et, depuis
les rochers de Girnar jusqu'aux colonnes
de Delhi, tout témoignait des conquêtes
de la foi nouvelle.

Les fameuses inscriptions de Girnar,
déchiffrées par James Prinsep, sont datées
de la 24e année du règne de Piyadasi « le bien-
aimé des dieux », probablement le grand
roi Asôka qui gouverna de 220 à 260 avant
notre ère. Wilson et Lassen ont traduit et
commenté ces édits, tandis que notre lan-

gue les recevait du grand indianiste Burnouf. Le père de la religieuse bouddhiste et du missionnaire de Ceylan défend de tuer les animaux pour se nourrir de leur chair. « Cela ne sera toléré (je copie les propres paroles de l'inscription) que pour faire de la soupe dans la grande cuisine du Râdja Piyadasi ; un but vertueux sanctifie les moyens. Qu'on se le dise à toutes les extrémités du monde, depuis les Etats du roi de Malabar jusqu'à ceux du roi Antiochus (1) ; il faut cultiver la terre pour le bien-être des hommes et des animaux. Que les différents ascètes aillent en paix accomplir leurs devoirs religieux et qu'ils obtiennent l'aumône. Des envoyés du roi parcourront les provinces; ils chercheront à connaître les besoins du peuple et les améliorations possibles. »

Il y a loin de cet esprit libéral au despotisme des petits râdjas qui précédèrent le Bouddha. Tandis que cet honnête Piyadasi s'occupait à convertir les hommes, un conquérant d'un autre genre traversait l'Euphrate, franchissait l'Imaüs, et venait porter dans l'Inde les armes victorieuses de la Macédoine.

Cette invasion produisit ses fruits; les

(1) Sans doute Antiochus II, 147 ans avant J.-C.

Grecs devaient communiquer aux Indiens le goût des arts ; aussi l'architecture ne commence vraiment qu'avec Asôka, 250 avant Jésus-Christ. C'est l'âge de transition du bois à la pierre ; aux ouvrages grossiers des Aryens, aux masses informes succèdent les Stoûpas ou Topes, les Tchâityas et les Vihâras ou monastères (1).

Les topes étaient généralement des édifices religieux affectant la forme d'une pyramide circulaire ; bâtis en brique rouge ou en pierre, ils se terminaient par un dôme. Les topes pouvaient se diviser en trois catégories :

1° Les temples dédicatoires, consacrés soit au Bouddha céleste, soit au Bouddha humain. Dans les premiers, l'esprit divin, la lumière, était personnifié par deux yeux gigantesques, placés au sommet de l'édifice. Ce matérialisme de l'idée la plus abstraite a séduit les Tibétains, et ils ont encore beaucoup de temples construits sur ce modèle.

2° Les topes commémoratifs, bâtis, la plupart du temps, sur des lieux célèbres par les bonnes actions ou les miracles de Sâkya-Mouni. La pagode de Manikyala fut ainsi élevée pour honorer le Bouddha qui,

(1) Nous avons adopté la division du savant Fergusson dans son ouvrage intitulé : *The tree and serpent worship*. London, 1868.

dans une de ses précédentes existences avait donné son corps à une tigresse affamée.

3° Les topes funéraires qui contenaient les cendres des morts. A Bhodjpour on voit des sépultures à quatre étages, comme dans les *Columbaria* romains, et certains cimetières de l'Italie et de la Catalogne (1).

Le mot Tchâitya s'appliquait à tout objet consacré : arbre, autel, cave ou temple ; un tchâitya pouvait avoir aussi bien une lieue de tour qu'un mètre de circonférence. Les fameuses caves d'Ajounta et de Karli ressemblent beaucoup à nos églises d'Occident. Au fond d'une nef centrale s'élève un dagoba ou autel qui contint jadis les reliques de quelque pieux personnage. Certains dagobas sont d'une délicatesse et d'une richesse d'ornementation merveilleuses. Parfois le tchâitya se trouvait découpé dans les flancs d'un rocher ; telles sont les grottes d'Ellora, d'Éléphanta, de Salsette, sanctuaires mystérieux où les fidèles avaient seuls le droit de pénétrer. Du temps de Sâkya-Mouni il y avait déjà des tchâityas dédiés aux Bouddhas antérieurs. Il en parle à son disciple Ananda et lui en recommande le culte.

Enfin les vihâras étaient la résidence

(1) V. Sénac-Moncaut, *Voyage en Catalogne.*

des moines et des religieuses. Nous n'avons rien de particulier à en dire; il reste aujourd'hui fort peu de vihâras et de tcháityas. Les topes, d'une structure beaucoup plus solide, ont bien mieux résisté au temps.

Il est impossible de ne pas reconnaître une analogie frappante entre les topes funéraires et les tumulus si nombreux dans l'ouest de la France. Seulement, dans l'Inde, on a dû employer le granit et la brique au lieu de la terre. Sans cette précaution, les topes eussent été emportés aux premières pluies ou aux débordements des grands fleuves. N'en déplaise au savant architecte Fergusson, plus d'un tumulus en Anjou et en Bretagne affecte la forme sphérique; dans leur patois, les paysans appellent cela des tombelles. Pour notre part, nous avons visité, à quelques lieues d'Auray, le tumulus d'un chef druidique. On apercevait, à l'extérieur, une butte gazonnée, artificielle sans doute, et qui s'arrondissait visiblement en dôme. Une porte donnait accès dans le souterrain. Éclairés par la torche d'un guide, nous nous sommes traînés en rampant à travers des galeries, miniature des catacombes romaines, et nous sommes parvenus à un caveau où quelques ossements blanchis gisaient sur une espèce d'autel:

c'était le centre inférieur de cette colline, et là seulement nous pûmes rester debout.

A Amravati on trouve des cercles de pierre qui rappellent certains dolmens de Scandinavie et les menhirs de New-Grange en Irlande. Il y a encore, dans les jardins de la grande pagode, des pierres levées par centaines, comme celles qui sont répandues à travers les champs de Carnac. N'est-il pas curieux de voir le respect pour les morts s'affirmer de même sur les grèves de l'Armorique et sur les bords de l'Indus, et de trouver là un nouvel argument en faveur de l'affinité des races?

Lors de la grande exposition, nous avons pu voir, dans les salles réservées à l'Inde, quelques piliers rapportés des ruines de Santchi. De belles photographies nous ont donné en même temps une idée plus complète de cette architecture bouddhique si riche et si originale. Le dessin correct des figurines et des animaux ne peut appartenir à un peuple qui débutait dans les œuvres d'art; les piliers, les frontons et les chapiteaux des colonnes ont un air de famille avec l'ordre dorique ou ionien. Evidemment Asôka, qui était en bons rapports avec Antiochus et Antigone, fit venir à grands frais des architectes et des sculpteurs de la Bactriane et de la Syrie. Ces artistes ne restèrent pas inactifs, et, s'il faut en croire la tradition, quatre-vingt-quatre mille stoupas s'élevèrent sous le règne du bien-aimé des dieux. Le plus remarquable entre tous est, sans contredit, la pagode de Santchi. Qui n'a parfois vu, en songe, un de ces palais dont l'œil ne peut saisir les innombrables détails? On erre de galeries en galeries; on traverse des cours et des jardins à perte de vue; c'est en vain qu'on cherche une issue; à chaque instant de nouveaux obstacles se dressent pour vous barrer le passage. Plein d'impatience, on finit par s'éveiller sur un escalier, dont les degrés se dérobent sous vos pas. Santchi réalise ces fantaisies d'un cerveau surexcité. Que le voyageur prenne garde de se perdre à travers cette longue suite de temples en ruine, de colonnes renversées et de statues arrachées de leurs piédestaux. On dit qu'une des plus belles pagodes du monde s'élève en ce moment à Bangkok (1); nous doutons que Santchi soit jamais surpassé.

Dans un ouvrage sur les sépultures chez les peuples anciens, M. Feydeau, qui traite maintenant des sujets moins sérieux, nous a donné le dessin du portail principal

(1) *The modern Buddhist* (par un ministre du royaume de Siam), translated by H. Alabaster.

de Santchi. Ce qui frappe tout d'abord, c'est la hardiesse des trois architraves lancées dans l'espace au-dessus de deux immenses piliers. Quel art décoratif! que d'accessoires jetés dans ce cadre gigantesque ! Des nains qui grimacent, des éléphants qui portent des princesses, des lotus qui s'épanouissent, des bayadères qui se cambrent, la roue de la loi au milieu des serpents; le granit obéit à tous les caprices de la pensée. Tantôt c'est une scène domestique de la vie du Bouddha, dans une existence précédente où il s'appelait Wessantara (1); tantôt c'est le roi Asôka entouré de sa famille et accomplissant les cérémonies du culte. Pas de dieux aux bras et aux têtes multiples; un caractère bien tranché de la sculpture bouddhique, c'est l'absence de toutes ces monstruosités brahmaniques. A Santchi, nous trouvons la trace des religieuses : elles ont donné des piliers, fourni des inscriptions et suspendu des ex-voto. Le nom des bienfaitrices se déchiffre encore sur la pierre : c'est Isidina, la religieuse mendiante; c'est Nasa-Mitra, la femme ascète; c'est Isa-Dattâ, qui s'intitule elle-même : la plus humble des choses (2).

(1) Spence Hardy, *Manual of Budhism*, pag. 116, et suiv.

(2) Major Cunningham, *Bhilsa Topes*, p. 254-255,

Un des historiens d'Alexandre, Mégas-
thènes, observe avec étonnement, que, dans
l'Inde, les femmes faisaient vœu de chasteté
comme les hommes (1).

L'institution des religieuses devait paraître étrange au peuple voluptueux qui
avait élevé si haut la profession d'hétaïre, et
s'inclinait devant la maîtresse de Périclès.
Ceux qui attachaient tant de prix à la beauté
du corps et aux dons de l'intelligence, pou-
vaient-ils comprendre qu'une volonté se
courbât sous la règle du cloître, et qu'un
corps charmant s'ensevelît sous les plis d'un
manteau ?

Nous avons assisté aux débuts des religieuses mendiantes, cinq cents ans avant la
naissance du Christ ; nous avons essayé de
les suivre à travers les brumes du passé avec
leurs enthousiasmes, leur ferveur et leurs
défaillances. Examinons maintenant le sort
que leur a fait la société moderne.

Les couvents de religieuses sont beaucoup plus rares que dans les premiers âges
du Bouddhisme ; mais ils offrent encore un
refuge à la femme privée de son protecteur
naturel.

Au Japon, à l'heure actuelle, la meilleure

(1) Il ne peut être question ici que des religieuses
bouddhistes, puisque les brahmanes regardaient
la stérilité comme une chose contraire à la loi.

ressource d'une veuve c'est d'embrasser la vie religieuse. Lorsqu'une femme de trente ans a perdu son mari, elle serait déconsidérée si elle convolait en secondes noces. La plupart du temps, elle rase ses cheveux, prend le costume et le caractère d'une bikchounî, tout en restant dans sa famille et en s'occupant de l'éducation.de ses enfants. Elle obtient ainsi l'estime générale (1).

L'évêque de Birmanie, Monseigneur Bigandet, nous conta qu'il avait deux couvents de femmes bouddhistes dans son diocèse. Il voulut faire à ces brebis d'un autre troupeau une visite qui n'avait rien de pastoral. L'un de ces monastères contenait soixante-dix religieuses, et l'autre, une cinquantaine environ. Les dames du pays vont là, de temps en temps, faire une retraite. Il y a aussi des religieuses qui vivent séparément dans de petites maisons attenant aux pagodes. Comme celles des communautés, elles ont la tête rasée et portent le vêtement blanc d'une forme particulière. Elles font vœu de chasteté ; mais aucune violation de leur serment n'est punie par une supérieure, et elles ne relèvent que de leur conscience. Le peuple con-

(1) *Revue ethnographique*, 1870. De la condition de la femme au Japon, par Kouri-moto–Tei-zi-ro.

sidère peu la profession de bikchounî ; il la regarde comme une manière honnête de mendier. Les religieux attendent qu'on leur fasse la charité, selon les statuts primitifs ; les femmes, moins patientes, demandent l'aumône dans les marchés et sur les places publiques. Monseigneur Bigandet rend justice à la bonne conduite des religieuses ; rien n'est plus rare qu'un scandale donné par elles. Nous ne voulons pas diminuer leur mérite ; mais il faut avouer qu'elles sont en général d'un certain âge. Si, par hasard, il y en a de jeunes, c'est qu'elles n'ont pu faire autrement, et, sitôt qu'elles peuvent se procurer un époux, elles s'empressent de quitter leurs sœurs aînées.

A Siam, c'est une règle établie : les talapoines ne peuvent faire profession avant cinquante ans révolus. Elles quittent sagement le monde quand il les quitte, donnant parfois à la vertu les restes du diable. Avec un demi-siècle, une tête et des sourcils rasés, elles sont peu séduisantes, et le sexe masculin ne doit pas leur dresser beaucoup d'embûches. Comme les Birmanes, elles s'habillent de blanc, observent tous les commandements et les préceptes de la loi, entendent tous les jours la prédication, et restent des heures à prier dans les temples. Leur principale occupation est de servir les talapoins, de leur apprêter à manger et de suppléer à leurs besoins par des aumônes continuelles. Elles visitent les pauvres et les malades, rendant volontiers service au prochain. Tout le monde les salue, les respecte et les connaît sous le nom de Nangchy, c'est-à-dire dame dévote (1).

On dit moins de bien des religieuses chinoises; elles n'ont pas la douceur des bonnes dames siamoises. Leurs manières sont rudes, leur apparence peu prévenante. Elles ont la tonsure et portent la robe flottante, exactement comme les religieux chinois. L'évêque Smith a vu une abbesse qui était coiffée d'un bonnet de soie noire. Au milieu était un trou à travers lequel on apercevait la tête dénudée. Le missionnaire anglican resta stupéfait devant cette étrange coiffure, qui n'était pas, assurément, l'œuvre de la coquetterie (2).

Il s'imprime et se vend encore en ce moment en Chine, dans un monastère de Canton, un manuel contenant des exhortations à l'usage des religieuses bouddhistes.

(1) *Histoire naturelle et politique du royaume de Siam*, par Nicolas Gervaise, dédiée au roi Louis XIV. Petit in-4, Paris, C. Barbin, 1698, pag. 212. (Rien n'a changé depuis en ce qui concerne les religieuses du pays.)

(2) Spence Hardy, *The eastern monachism*. The order of nuns, pag. 159.

C'est une sorte de bréviaire qu'elles consultent avec plus ou moins de dévotion (1).

Dans un pays comme le Tibet, où domine le Bouddhisme, on doit nécessairement trouver des couvents de femmes. Ils sont presque toujours au pied des montagnes, dans des vallées désertes et d'un abord difficile. Samuel Turner, lors de son ambassade au Tibet, voyagea très-longtemps sans en découvrir un seul. Celui d'Ani-Gomba fut le premier qu'il aperçut. « Mais, dit-il, ce couvent était si éloigné de ma route, et le temps me pressait si fort, que je ne pus visiter les recluses qui l'habitaient (2). » Sans doute les Ani eussent gracieusement accueilli le gentleman. Bien que cloîtrées, elles peuvent recevoir, le jour, la visite des hommes; mais il ne leur est pas permis d'en souffrir un seul, pendant la nuit, dans l'enceinte du couvent, de même que les religieux ne peuvent garder de femme sous leur toit aussitôt le soleil couché. Là, du moins, on se souvient encore du Pratimôkcha : si un religieux et une religieuse succombent par hasard aux sollicitations de la chair, l'une est expulsée du couvent, ren-

(1) *Pi-kiou-ni* (Bhikchounî) *Kiai-pên.* — Trübner's literary Record, juin 1870, pag. 794.

(2) *Ambassade au Tibet,* par S. Turner. Trad. française, t. II, pag. 142.

voyée ignominieusement à sa famille et déshonorée pour la vie; l'autre est chassé de l'ordre, marqué d'un fer rouge sur le front, et, pendant plusieurs années, exilé sur la montagne, au milieu des bêtes sauvages, sous une température qui suffit à calmer ses passions. Mais, si les deux coupables ne sont profès ni l'un ni l'autre, il leur est permis de réparer la faute par le mariage. En cas de refus, le religieux reçoit la bastonnade publiquement, et s'éloigne des lieux où il donna le scandale (1). Voilà des lois sévères, mais fort sages, et qui doivent singulièrement aider à la chasteté monacale.

C'est dans ces vallées profondes que nos missionnaires ont vu des moulins mis en mouvement par l'eau d'un torrent. Il ne s'agissait pas de moudre du riz ou du blé, mais simplement de faire tourner des cylindres couverts de versets sacrés, qui envoyaient au Bouddha les aspirations et les hommages des fidèles. A la porte des temples, il y a des instruments destinés au même usage. D'autres cylindres, plus portatifs, se trouvent dans la main des religieux des deux sexes. En marchant, ils tournent la mécanique, et les prières se font

(1) *Breve notizia del regno del Tibet*, dal fra Francesco Orazio della Penna, 1730. Extrait du nouveau *Journal asiatique*. Paris, 1835.

seules, sans fatigue pour l'esprit. C'est peut-
être agir un peu sans façon avec le Bouddha ; mais l'usage est reçu et tout à fait en
harmonie avec le tempérament religieux de
ce peuple, qui, au sommet de ses temples,
place les deux yeux de la divinité.

A Ceylan, ce sont les dames du pays qui
se chargent de quêter pour le Bouddha et
de récolter de l'huile pour sa lampe, du riz
pour son sacrifice, de l'argent ou du coton
tissé pour son usage. Robert Knox, longtemps captif à Kandy, rapporte que les
femmes du plus haut rang (*the greatest
ladies of all*) se font remplacer par leurs
filles. Les jeunes vierges, magnifiquement
parées, s'en vont dans toutes les maisons,
tenant sur la paume de leurs mains l'image
du Bouddha, voilée par un morceau d'étoffe
blanche. « Nous implorons votre charité en
vue du sacrifice du Bouddha, » disent-elles
de leur plus douce voix. Et, à l'aide de ses
gracieux interprètes, Sâkya-Mouni recueille
une ample moisson d'aumônes (1). On
verra parfois une femme la tête rasée et portant le vêtement blanc ; mais c'est une
exception, et, dans toute l'île de Ceylan, pas
plus que dans l'Inde, on ne trouverait une

(1) Spence Hardy, *Eastern monachism*. The
order of nuns. Chap. XVII, pag. 161.

communauté de femmes. N'est-il pas étrange
que cette institution, qui subsiste encore
dans les autres pays bouddhistes, ait préci-
sément disparu de la contrée où elle prit
naissance, après avoir été si ardemment
sollicitée ?

Il ne faut pas se le dissimuler, en Orient
comme en Occident, le zèle religieux ne
transporte plus les âmes. Loin de soupirer
après la délivrance finale, les monarques
s'attardent volontiers sur la terre, au milieu
des hallucinations de l'opium et des voluptés d'un sérail obéissant. Pourtant, le roi de
Birmanie semble préoccupé des questions
religieuses. Dernièrement, il proposa au
gouvernement de Ceylan de lui envoyer la
collection complète des livres canoniques
du Bouddhisme et de bâtir une bibliothèque
où cette collection serait à l'abri du feu (1).
Il voulait aussi correspondre une fois par
mois avec le savant professeur qui a fait
connaître à la France l'histoire de Sâkya-
Mouni. Les lettres devaient rouler sur certains points obscurs de la doctrine, et prin-
cipalement sur le Nirvâna. Je ne sais trop
pourquoi ce projet n'eut pas de suite.

Le dernier roi de Siam se désolait que les
soucis de la royauté l'empêchassent d'écrire

______

(1) Trübner's literary Record, juin 1870, pag. 789.

sur le Bouddhisme. C'est par ses conseils, et sous son inspiration, que le ministre des affaires étrangères, Chao-Phya-Praklang, voulut défendre la religion de l'Etat contre les attaques des missionnaires. Là, il ne s'agissait plus de martyre ni de persécution brutale, mais de la discussion libre et intelligente. Le savant siamois n'a fait que résumer, dans son ouvrage, ses conversations avec les docteurs protestants et catholiques (1).

Les croyances de ce bouddhiste moderne ont subi quelques modifications. Malgré tout son respect pour le seigneur Somana-Kodom (le Bouddha), le ministre ne peut comprendre la folie de l'athéisme (2). Il se plaît à reconnaître une créature supérieure, qui plane dans des régions heureuses et paisibles, au-dessus de l'amour, de la haine et de la jalousie, ces fléaux d'une nature mortelle. Quant à l'existence d'un ciel et d'un enfer, Chao-Phya n'en fait nul doute. Il lui paraît juste qu'on soit puni et récompensé selon ses œuvres. Seulement, il remarque que les missionnaires chrétiens

(1) *The modern Buddhiste*, being the views of a Siamese minister of state, translated by H. Alabaster, 1870.
(2) Le Bouddha ne parle jamais d'un être suprême.

vantent des félicités immatérielles, et les mahométans des plaisirs moins purs, tandis que le Bouddha ne promet pas le bonheur du ciel, mais simplement l'extinction de la douleur. Pour ce qui touche la morale, le grand seigneur siamois est embarrassé ; la polygamie est autorisée dans tout le royaume, et le Bouddha prêche sans cesse la chasteté, qu'il regarde comme une force. Avant de monter sur le trône, le dernier roi était moine, et vivait célibataire, dans l'acception rigoureuse du mot. Il dut accepter la polygamie comme une nécessité de position, et prit ses nouveaux devoirs si fort à cœur, qu'au bout de seize années il était béni par 679 enfants. Chao-Phya essaye même de nous persuader que la vie domestique est très-heureuse à Siam, et qu'il y a beaucoup moins de meurtres ou de suicides par amour que dans nos pays européens. Nous ne le suivrons pas sur ce terrain délicat ; mais sa brochure nous a paru curieuse et digne d'être citée après les livres sacrés de l'antique Bouddhisme. Il faut bien compter avec une religion qui a 360 millions de sectateurs (1).

Les religieuses bouddhistes ne s'occupent

(1) On retrouve à Java des traces du Bouddhisme, et M. Holmboe croit en avoir découvert jusque dans la Norvége.

pas de si hautes questions, et ce qu'on leur apprend ne peut fatiguer leur intelligence. Qu'ont-elles besoin de discuter et de raisonner? Elles prient, elles pratiquent les bonnes œuvres, elles se courbent sous la discipline et répriment leurs passions. Une religion qui apprend à se conduire ainsi n'est pas indigne de nos égards.

Pauvres Tibétaines ignorantes, qui vivez dans votre vallée solitaire, tournant le cylindre à prières; charitables dames siamoises, qui vous penchez sur le lit d'un mourant; vous toutes, âmes dévouées qui faites le bien, cœurs chastes, qui consacrez votre vie à la virginité, ne craignez rien de la mort. Si vous n'êtes pas la sœur de charité que nous vénérons, si le chapelet qui pend à votre ceinture ne porte pas le symbole de nos immortelles espérances, vous n'en avez pas moins droit à la miséricorde divine. Vous avez vécu dans les ténèbres de la superstition; mais, au dernier jour, le Seigneur tiendra compte de vos œuvres et de votre foi naïve; il n'a maudit que l'orgueil et la sécheresse du cœur!

FIN.

Paris. — Typ. de Ch. Meyrueis, rue Cujas 13. — 1873